Le Petit Livre des
PROVERBES

Jean Gastaldi

LE PETIT LIVRE DES
PROVERBES

ÉDITIONS DU
ROCHER
Jean-Paul Bertrand

© Éditions du Rocher, 2000.

ISBN 2 268 03490 9

*L*es proverbes sont comme des sentences de vie. Leur bon sens a traversé le temps et nous invite à la réflexion afin de méditer sur des textes dont on peut faire tous les jours notre profit.

Chaque phrase est soulignée par un mot-clé qui se trouve répertorié sous forme d'index à la fin du livre.

Il appartient à chacun de trouver les liens qui unissent ces maximes forgées par l'expérience et la sagesse.

*h*onni soit qui mal y pense.

*d*is-moi qui tu fréquentes,
je te dirai qui tu es.

*r*ien ne sert de courir,
il faut partir à point.

*N*e remets pas à demain
ce que tu peux faire
le jour même.

don't put off until tomorrow
what can be done today

l'espoir fait vivre.

To hope is to live.

*t*ant qu'il y a de la vie,
il y a de l'espoir.

As long as there's life, there's hope.

*a*bondance de biens
ne nuit pas.

*i*l ne faut pas courir
deux lièvres à la fois.

*q*ui ne risque rien n'a rien.

He who risks nothing, has nothing

*O*n ne peut perdre
que ce que l'on a.

18 You can not loose that
which you have.

*P*rêter argent fait perdre
la mémoire.

*C*e que tu fais te fait.

*P*réservez-moi de mes amis,
mes ennemis je m'en charge.

*O*n quittera cette terre
sans bagage.

you leave this earth
without luggage!

*l*es pensées
ne paient pas d'impôt.

he who laughs today,
cries tomorrow.

9ui rit aujourd'hui
demain pleurera.

*O*n revient toujours
à ses premières amours.

we always come back to our
first love.

*q*ui a bu boira.

He who drank, will drink.

26

***a*mis**
valent mieux qu'argent.

friends are worth more than money.

*l*e meilleur médecin
est la marmite.

The best medecin is
marmite!

*l*a vie est un oignon ;
on pleure en le pelant.

*Q*uand il y a de
la place dans le cœur,
il y en a dans la maison.

30 As long as there is a
place in the heart - there's
a place in the
house

*C*e sont les événements qui
commandent aux hommes
et non les hommes
qui commandent
aux événements.

quand le vin est tiré,
il faut le boire.

Once the wine is open
it has to be drunk

*S*ouvent femme varie.

*Q*ui trop embrasse
mal étreint.

*l*a raison du plus fort est
toujours la meilleure.

*i*l vaut mieux faire envie
que pitié.

*l*es chiens aboient,
la caravane passe.

*l*es morts ont toujours tort.

38

The dead are always wrong!

*Q*uand on veut tuer
son chien,
on dit qu'il a la rage.

Conversation is silver but
silence is golden.

*l*a parole est d'argent
mais le silence est d'or.

*a*près la pluie,
le beau temps.

after the rain comes the
sun.

*i*l faut toujours avoir
les moyens de ses ambitions.

*You must always be able
to fulfill your ambitions.*

*C*hat échaudé craint
l'eau froide.

l'exactitude
est la politesse des rois.

*C*elui qui ne sait pas parle,
et celui qui sait se tait.

*d*ette de jeu,
dette d'honneur.

*S*elon que vous serez
puissant ou misérable,
les jugements de cour
seront blancs ou noirs.

*p*atience et longueur
de temps font mieux
que force et que rage.

49

*S*i tu veux voyager loin,
ménage ta monture.

*S*i tu veux la paix,
prépare la guerre.

L'habit ne fait pas le moine.

*l*a fortune sourit
aux audacieux.

à bon entendeur, salut.

*q*ui perd gagne.

*l*a pomme du matin
tue le médecin.

le lierre meurt
où il s'attache.

à quelque chose
malheur est bon.

l'espoir fait vivre.

*i*l y a un commencement
à tout.

*P*our être aimé,
il faut aimer.

*i*l n'y a que le premier pas
qui coûte.

*U*n fou avise bien un sage.

*C*harbonnier est maître
chez soi.

*l*es savants font l'almanach
et Dieu fait le temps.

*t*out chemin commence
par un premier pas.

l'honneur perdu
ne se retrouve plus.

*C*hacun prend son plaisir
où il peut.

*Â*ne affamé
ne se soucie pas des coups.

*l*a nuit porte conseil.

*a*vant de parler,
il faut tourner sept fois
la langue dans sa bouche.

*P*renez le temps
comme il vient,
le vent comme il souffle,
la femme comme elle est.

*P*hilosopher c'est douter.

*V*entre vide
n'a pas d'humeur.

*Q*ui vole un œuf
vole un bœuf.

*t*rop de sagesse rend fou.

*O*n creuse sa tombe
avec ses dents.

*O*n n'apprend pas
à un vieux singe
à faire des grimaces.

*l*a conviction est la
conscience de l'esprit.

*A*ide-toi, le ciel t'aidera.

$\mathcal{U}$n mauvais arrangement
vaut mieux
qu'un bon procès.

*U*n tiens vaut mieux
que deux tu l'auras.

*q*ui casse les verres les paie.

*l*a fortune est aveugle.

à beau chat, beau rat.

*Q*ui dort dîne.

On ne peut suivre
plusieurs maîtres à la fois.

*i*l faut plutôt aller à la porte
d'un plaignard
que d'un vantard.

*C*e que femme veut,
Dieu le veut.

*l*es bons livres
font les bons amis.

*l*es hommes meurent de
leurs remèdes
et non de leurs maladies.

le moi est haïssable.

*l*e rire
est le propre de l'homme.

*l*e cœur a ses raisons
que la raison ne connaît pas.

C'est au pied du mur
que l'on voit le maçon.

*t*el père, tel fils.

*l*es absents ont toujours tort.

*l*es grandes douleurs
sont toujours muettes.

*l*es premiers
seront les derniers.

*Q*uand le chat n'est pas là,
les souris dansent.

*e*n faisant le mal
ne t'attends pas au bien.

*a*voir des amis,
c'est être riche.

Où il y a de la gêne,
il n'y a pas de plaisir.

C'est jeune et ça ne sait pas.

*f*aire contre mauvaise
fortune bon cœur.

*l*a critique est aisée
et l'art est difficile.

*C*hassez le naturel,
il revient au galop.

*i*l ne faut pas mettre
la charrue avant les bœufs.

à chaque jour
suffit sa peine.

*l*es amoureux vivent
d'amour et d'eau fraîche.

*Q*ui veut faire l'ange
fait la bête.

*O*n ne juge pas l'arbre
à son écorce.

l'argent
ne fait pas le bonheur.

*i*l ne suffit pas d'écouter,
il faut savoir entendre.

*t*ant va la cruche à l'eau
qu'à la fin elle se casse.

à cœur vaillant
rien d'impossible.

*l*es petits ruisseaux
font les grandes rivières.

*P*lus on est de fous,
plus on rit.

*P*ierre qui roule
n'amasse pas mousse.

*l*a foi
soulève les montagnes.

l'enfer est pavé
de bonnes intentions.

*P*lus on est nombreux
plus on crie dans le désert.

l'homme
ne vit pas seulement de pain.

*f*aites ce que je dis
mais ne faites pas
ce que je fais.

Charité bien ordonnée
commence par soi-même.

l'homme façonne son
propre malheur.

*S*i tu veux être apprécié,
meurs ou voyage.

*O*n voit la paille
dans l'œil de son voisin,
mais on ne voit pas la poutre
qui est dans le sien.

*S*i l'art ne nous fait pas
vivre, vivre est tout un art.

C'est dans les vieux pots
qu'on prépare
les meilleures soupes.

*l*a raison du plus fort
est toujours la meilleure.

*O*n juge les effets,
rarement les causes.

*i*l ne faut pas mettre
tous ses œufs
dans le même panier.

*i*l est préférable d'être né
de la cuisse de Jupiter.

*P*our vivre heureux,
vivons cachés.

*l*a fin justifie les moyens.

*C*elui qui n'a pas
de mémoire doit avoir
des jambes.

*i*l n'y a pas de rose
sans épines.

*I*l n'est pire sourd que celui
qui ne veut pas entendre.

*g*rand nez n'a jamais
gâté beau visage.

*q*ui fait le bien
trouve le bien.

*i*ndex

IMPRIMÉ EN FRANCE PAR BRODARD ET TAUPIN
1823X - La Flèche (Sarthe), le 10-01-2000
Dépôt légal : janvier 2000